LETTRES MARSÉILLAISES

AU DOCTEUR LOUIS VÉRON.

LETTRES MARSEILLAISES

(DE L'ANCIENNE FRANCE.)

AU

DOCTEUR LOUIS VÉRON

(DE LA NOUVELLE.)

PAR

CLARIOND

Docteur en aucune espèce de chose, quoique vingt-quatrième
rédacteur du *Corsaire.*

PARIS,

LEDOYEN,
PALAIS-ROYAL.

DESLOGES,
4, RUE CROIX-DES-PETITS-CHAMPS.

1852.

PARIS, IMPRIMERIE DE POUSSIELGUE, MASSON ET Cⁱᵉ,
rue Croix-des-Petits-Champs, 29,

LETTRES MARSEILLAISES

(DE L'ANCIENNE FRANCE)

AU DOCTEUR LOUIS VÉRON

(DE LA NOUVELLE.)

I.

Docteur

Vous venez de nous confectionner des articles d'une touche surnaturelle. Tout le monde en convient, et le diable m'emporte si jamais on vous en conteste la paternité. Ça sent son *Codex* d'une lieue ;

LA FRANCE NOUVELLE !

Rien que ça de titre. Voyons s'il me sera facile de les mécaniser un peu ?

Ce n'est pas que j'éprouve ni hésitation ni embarras ; je sais que les choses dont on parle le plus, parmi les hommes, sont assez ordinairement celles qu'on connaît le moins, et je ne prétends pas être différent des autres ; mais on n'affronte pas sans crainte un homme aussi considérable que vous, surtout lorsqu'il plane sur les hauteurs de Passy.

Si vous étiez un présomptueux, je pourrais me montrer timide. Ce serait orgueil contre orgueil, la présomption étant un orgueil confiant et la timidité un orgueil qui craint de se trahir. Nous nous trouverions par le fait à deux de jeu.

Mais non, vous écrivez, comme dit Marceline, ma cuisinière, à la bonne franquette ; je vais vous répondre de même. Pourquoi tant de cérémonie, au public qui nous lit et qui paie le droit de nous siffler l'un l'autre, si cela lui convient ?

D'abord, rien de plus grandiose que votre entrée en matière. Je me suis cru transporté au beau milieu de votre comédie de la rue Lepelletier, alors que Romulus voyait pleuvoir, aux pieds de vos jolies pensionnaires, les bouquets, les couronnes et des torrents de poésie :

> Viens recevoir l'encens de mille adorateurs
>> Et la couronne chérie
>> Due à tes talents enchanteurs.
> Le public empressé, que ton retour ramène,
>> T'attend d'un air satisfait ;
> Le moment est venu, tu parais sur la scène,
>> Et ton triomphe est complet.

Vous ne comptez pas trente hivers,
Et vous faites déjà les plus jolis ouvrages.
N'est-ce donc pas assez de vos talents divers,
Pour avoir droit à nos suffrages?
Vous avez plus que des talents;
Vous avez de la modestie.
Conservez tous ces dons charmants,
Ils embelliront votre vie.
Ne craignez rien de la censure,
Qui décourage maint auteur ;
Contre l'orgueil elle murmure,
Mais elle applaudit au bon cœur,
Qui parle sans art, sans fadeur,
Le langage de la nature.
Ce langage, dans vos écrits,
Est ce qui me frappe et m'enchante.
Les traits d'une âme bienfaisante
Ont infiniment plus de prix
Que la plus brillante saillie.
Sans un cœur droit, sensible et bon,
Je crois que le plus beau génie
Serait le plus funeste don ;
Mais que fais-je, et pourquoi vous dire
Ce que vous exprimez si bien.
Mon but n'est pas de vous instruire,
Mais de vous rendre votre bien.
Est-ce à moi de vous faire hommage
Des plus beaux fruits de la raison ?
Vous les cueillez au printemps de votre âge ;
Que ferez-vous au temps de la moisson ?

Oui, Docteur, que ferez-vous au temps de la moisson, si déjà vous cueillez de si beaux lauriers ?

Votre entrée en matière, disais-je, est vraiment grandiose, c'est mon avis ; mais vous vous servez tout d'abord d'un mot impropre.

« M. Thiers, dites-vous, qui supporte *noblement* les tristesses de l'exil..... »

C'est *gaiement* que vous auriez dû écrire, car le petit grand homme, qui a l'honneur d'être Marseillais, et c'est là sa plus grande gloire, disait, il y a quelque temps, à un visiteur qui venait psalmodier avec lui les ennuis du bannissement :

— *Vous le voyez, mon cher, me voilà réduit à l'état de Polonais.*

Il n'est pas possible d'être plus folâtre loin de l'ingrate patrie.

En parlant de la situation de la France, M. Thiers aurait ajouté, selon vous :

— C'EST QUE ÇA PEUT DURER LONGTEMPS !

Docteur, ça durera dix ans. — La France a élu pour président Louis-Napoléon Bonaparte, personne ne le conteste, et quand nous faisons de l'opposition, ce n'est pas à lui personnellement que nous la faisons, mais aux hommes qui se montrent prêts de tomber à plat ventre devant son pouvoir et qui le seraient devant celui de n'importe qui, par cette raison sans réplique : — *Quoniam bonum est.*

« Les peuples, dites-vous encore, aiment les princes ayant souffert les mêmes malheurs qu'eux. »

Ici vous faites, sans vous en douter, le procès à votre long et fastidieux journal, *le Constitutionnel,* car vous oubliez complétement l'opposition inique, abominable, impie qu'il ne cessa de faire au meilleur des princes, à Charles X.

« Le gouvernement actuel, ajoutez-vous, ne lutte pas contre l'intérêt sérieux des choses, mais contre la dangereuse importance des hommes. »

Permettez-moi de vous dire, docteur, que l'opposition actuelle est éminemment gouvernementale ; elle ne lutte point contre l'autorité, mais contre quiconque essaierait, sous son manteau, d'exercer, non point le pouvoir, mais le despotisme, également odieux aux princes et aux peuples, car princes et peuples ne font qu'un.

La société doit être gouvernée comme une famille : un père commande à ses enfants, en s'engageant à les défendre. Son expérience, ses lumières, sa raison plus exercée, le mettant à portée de prévenir et de prévoir les périls qui les menacent, doit leur ôter les moyens de se nuire ; il doit les exciter à la bienveillance, récompenser leurs vertus et punir leurs excès. — En un mot, docteur, une nation, en se soumettant à un chef, veut être administrée sur le plan économique d'une famille heureuse, objet de la tendresse et des soins de son chef.

En cela, le gouvernement paternel de Charles X n'avait rien à se reprocher ; mais il eut la faiblesse de ne pas lutter contre la dangereuse importance des hommes, dont le vieux *Constitutionnel* s'était fait le coryphée, toujours par la raison sans réplique : *Quoniam bonum est.*

« L'esprit de parti n'a plus aujourd'hui à décerner

à tous les ennemis du pouvoir ces deux charmantes. récompenses : la louange et la popularité. »

Si c'est comme ça, docteur, que ferait donc aujourd'hui le vieux *Constitutionnel*, qui n'eut jamais d'autre métier ?

« Pour les factieux, pour les ennemis de la société, plus de théâtre, plus de parterre, plus d'applaudissements, plus d'échos lointains. »

Mais que ferait donc aujourd'hui l'antique *Constitutionnel*, ce vieux chef de claque des libéraux ?

Il m'a fallu regarder à deux fois si c'était bien dans ce grand carré de papier que je lisais ceci :

« La religion, au milieu de ses pompes pleines de grandeur, bénit de ses plus ferventes prières celui. qui, pour mieux défendre la société, veut s'appuyer. sur les deux pouvoirs, sur le pouvoir temporel et sur le pouvoir spirituel. »

Mais le *Constitutionnel*, ce grand mangeur de prêtres et de jésuites, qui s'en donna à bouche que veux-tu, a donc oublié l'heureux temps où ses lecteurs assidus allaient tirer des pétards dans nos églises, pour la plus grande gloire des bonnetiers de Paris, ces héros du siècle des lumières ?

« Le Prince Président de la République gouverne donc sans périls et sans entraves. »

Halte là, docteur, on ne gouverne qu'au milieu des périls et des entraves. Les périls de tous les chefs d'État sont la platitude des courtisans, et leurs entraves la méchanceté humaine, exerçant le despotisme, c'est à dire l'abus du pouvoir, lequel amon-

'celle contre le chef d'une nation ces haines que le vulgaire dirige toujours, non contre leurs auteurs, mais contre celui dans lequel se personnifie l'autorité, que l'ignorance confond toujours avec le despotisme des serviles.

« Le coup d'Etat du 2 décembre abattit les hommes et les principes qui, depuis plus de trente ans, menaçaient de ruine, à l'insu de tout le monde, la France et la civilisation. »

Ce ne fut certes pas à l'insu du *Constitutionnel* qui, pendant trente ans, soutint les principes et les hommes qui, fort innocemment sans doute, ont failli couvrir de ruines la France et la civilisation. — Si vous en doutiez, docteur, vous êtes plus que tout autre à même de vérifier la collection des tartines vertueuses de vos glorieux chefs de file, les libérâtres.

« Jamais peut-être gouvernement n'eut devant lui un terrain si déblayé, une pareille table rase. »

Grâce au bon sens public et à l'aplatissement complet du vieux libéralisme, dont votre journal était le porte-voix.

« Enfin, la situation présente est telle, que ceux qui n'eurent pour Louis-Napoléon que de patriotiques acclamations, que des éloges, alors qu'il ne pouvait rien, sont contraints, par respect pour eux-mêmes, de montrer plus de réserve dans leur langage, aujourd'hui qu'il peut tout... »

De la réserve dans le langage, docteur, votre journal n'a jamais péché par là; surtout au moment même où nul ne pouvait vous répondre. Alors le *Constitutionnel* était fier, hautain, provoquant tout enfin ; mais il n'était pas modéré dans son langage.

— Il y a temps pour tout. D'utiles avertissements le rendent sans doute plus circonspect.

Ici, vous vous livrez à une appréciation des pensées intimes du Prince Président ; nous ne vous suivrons pas sur ce terrain, mais vous nous permettrez de vous dire que nous ne le croirons jamais assez pauvre d'esprit pour vous prendre comme confident de ses pensées.

Vous êtes docteur, la chose est claire. Dieu le garde cependant des ressources de votre apothicairerie. Tous les bons citoyens ne doivent pas former d'autres vœux. Ceci soit dit sans vous déplaire. Vous êtes plein d'esprit, de sens, de raison, de jugement ; mais vous êtes médecin peu habile. — Que voulez-vous, dans ce monde on ne peut pas être tout. — Contentez-vous du titre de docteur, mais n'en exercez jamais la qualité sur le chef de l'Etat. Ceci est trop grave, et nous intéresse beaucoup trop.

« Nous faisons appel ici à toutes les communications de faits et d'aperçus dignes de jeter un jour nouveau sur la situation, et d'inspirer au pouvoir d'opportunes et d'utiles mesures. Nous faisons appel à toutes les idées de conservation et de progrès... »

Qu'il me soit permis de vous rendre ici justice pleine et entière.

Si vous faites appel à toutes les idées de conservation et de progrès, vous avez sagement décidé qu'il fallait prêcher d'exemple. C'est de tous les moyens de persuasion le plus excellent.

Aussi, il y a peu de jours, dans votre estimable journal, M. Boniface annonçait à l'Europe et au monde que M. le docteur Louis Véron était non seulement rédacteur en chef du *Constitutionnel*, mais encore membre du corps législatif, et qu'en cette qualité, il avait proposé à ses honorables collègues un nouvel impôt à prélever sur l'affichage.

C'est bien ça, docteur, c'est très bien. Et, pour vous prouver que j'ai profité d'une aussi belle remontrance, je veux, moi aussi, répondre à l'appel que vous faites à toutes les idées de conservation et de progrès.

Prélever un impôt sur l'affichage, c'est bien; mais ce n'est que la moitié de la besogne.

Je viens donc vous proposer de compléter la mesure en conseillant de prélever aussi un impôt sur les annonces des journaux.

Vous approuverez d'autant mieux ma proposition qu'étant le propriétaire principal du *Constitutionnel*, qui possède la plus large page d'annonces de la presse parisienne, il ne vous conviendra en aucune façon de donner à croire qu'en proposant l'impôt sur l'affichage vous avez voulu en excepter les affiches des journaux.

Voici ma proposition :

ARTICLE PREMIER.

« Les annonces et réclames des journaux ou écrits

périodiques seront composées en caractères de six points et toisées de même.

« Elles contiendront au moins trente-six lettres à la ligne, et seront payées 25 centimes la ligne.

« Les propriétaires de journaux restent libres d'en élever le coût autant que bon leur semblera ; mais, dans ce cas, il sera prélevé un impôt de 33 pour cent, lorsque le prix de la ligne d'annonce dépassera celui de 25 centimes.

« Toute contravention audit article sera punie d'une amende de dix mille francs au moins et de vingt mille francs au plus.

« En cas de récidive le journal sera supprimé d'office.

ARTICLE 2.

« Toutes les annonces légales et judiciaires, toutes celles ordonnées par la loi, à quel titre que ce puisse être, toutes adjudications de meubles ou immeubles par devant les tribunaux ou par devant notaires, toutes celles concernant les ministères, les hospices et hôpitaux et l'assistance publique, toutes celles concernant les administrations de l'Etat et des communes, composées en caractères de six points, et comptées ligne pour ligne, ne seront payées que 20 cent. la ligne.

« Les présidents et juges n'en ordonneront la taxe que sur ce taux-là, quel que puisse être le prix ordinaire de la ligne d'annonce du journal qui l'aura insérée.

« Nul journal ne pourra refuser l'insertion d'une annonce comprise dans l'article ci-dessus.

« Tout refus d'insertion ou toute contravention au susdit article sera puni d'une amende de vingt mille francs au moins.

« En cas de récidive, le journal sera supprimé d'office. »

Mon projet de loi aura votre approbation, je n'en doute pas. Et, à ce sujet, permettez-moi de vous rappeler un fait assez pittoresque :

M. Carlier, qui n'est pas plaisant du tout, même étant préfet de police, avait envoyé au journal *la Presse* un article, avec ordre de l'insérer dans ledit journal. Nous n'étions pas encore sous l'empire de ma nouvelle loi, et M. Emile de Girardin, qui en annonces et en réclames est peut-être aussi expert que vous, se livrait dans ladite feuille au doux exercice de la politique échevelée et abracadabrante. Il députa auprès de ce fonctionnaire le régisseur de ses annonces, son journal étant sous régie comme un simple cabriolet. — M. le régisseur exhiba une quittance de sept ou huit cents francs à payer avant l'insertion, que bonne dame *la Presse* avait élevée au prix de cinq francs la ligne.

Voici la réponse du magistrat peu plaisant :

« L'article sera inséré dans *la Presse* de ce jour.

« Il le sera textuellement et sans faute aucune.

« Il ne sera payé qu'après justification, non pas à raison de cinq francs la ligne, mais seulement de vingt centimes, le tout composé en caractères neufs.

« Allez. »

Le croirez-vous, docteur, l'article fut imprimé le jour même et payé vingt centimes la ligne, ni plus ni moins. Et, comme j'avais l'honneur de vous le dire, la politique échevelée était en pleine floraison.

Au moment de mettre sous presse, mon ami Loustaleau me fait une objection.

— Tu oublies, me dit-il, de faire ressortir la grande moralité de ton nouvel impôt.

Je suis donc dans la nécessité, avant de terminer cette longue lettre, de vous narrer une nouvelle histoire; mais ce sera bien, puisque je finirai par une moralité :

La moralité de l'impôt sur les annonces.

Un Grec, retiré du commerce, a depuis longtemps fui en pays étranger. Là, il a inventé une variété d'industrie plus lucrative que son ancien métier.

Il est à l'affût de toutes les grandes administrations, qui naissent, croissent et meurent en même temps, et il va trouver les metteurs en scène, quand ils sont peu catholiques, et il leur tient à peu près ce langage :

— Il vous faut six cent mille francs d'annonces. — Pour avoir des annonces, il faut des journaux; je les ai dans la manche. Je vous donnerai quittance de ladite somme, que nous diviserons ainsi : trois cent mille francs pour les journaux, qui seront bien contents, et trois cent mille que nous partagerons en bons frères. — Toc. Toc. Le marché est conclu.

Croiriez-vous que ce flibustier a piraté une fortune si considérable qu'il pourrait aujourd'hui, s'il le voulait, acquérir à lui seul tous les margraviats d'Allemagne et se chamarrer de cordons de la tête aux pieds?

Ceci n'est pas la moralité, mais vous allez la voir apparaître.

De l'impôt des annonces doivent ressortir trois grandes moralités : Ou les annonces se paieront 25 centimes, et alors la justification de la dépense s'établira par l'exhibition des journaux dans lesquels elle aura paru, ou bien elles se paieront deux francs; dans ce cas, la .quittance du percepteur établira d'une manière irréfragable que les industriels ne tirent pas l'argent de la poche des bénévoles actionnaires que pour le plaisir de le faire passer dans celle de l'Etat, mais bien pour la prospérité de l'entreprise commune.

Ainsi : moralité pour les journaux, qui ne pourront être accusés de manœuvres frauduleuses; moralité pour les industriels, qui ne pourront être suspectés de concussion; moralité pour tous ceux qui s'occupent de publicité, qui ne pourront, en aucun cas, être suspectés de prêter la main à des tripotages indignes.

Je sais bien qu'en France rien de tout cela n'est à craindre; mais le mauvais exemple est contagieux, et on ne saurait trop prendre de précautions.

Je vote donc pour l'impôt sur l'affichage, proposé par vous, et je ne doute pas un seul instant que vous ne votiez pour le mien, qui en est le complément indispensable.

Ce sera double bénéfice pour le trésor public, et, dans cette circonstance, nous aurons fait tous les deux acte de bons citoyens. Ce qui ne m'empêchera en aucune façon de tarabuster quelquefois votre politique, si je la trouve cocasse.

Il y a plus que cela, docteur, faites-moi l'amitié d'examiner combien sera facile l'exécution de la loi sur l'impôt des annonces : prenons pour base *le Constitutionnel*, qui, après *les Débats*, est la muraille sur laquelle nos marchands aiment le mieux afficher leurs produits, ou les vertus surprenantes de leurs pâtes contre les rhumes invétérées et autres affections de poitrine.

Votre journal administre chaque jour à ses indulgents abonnés une page et demie d'annonces, ce qui, bien compté, donne un produit de deux mille deux cent cinquante lignes.

Voici la manière de s'en servir : Vous ferez passer d'abord, en tête de toutes les annonces, toutes celles comprises dans l'article 2 de mon projet, sans oublier de les faire précéder de ce titre :

Annonces ordonnées par la loi, a 20 centimes la ligne.

Puis, à la quatrième page, et sous ce nouveau titre : Annonces diverses a 2 fr. la ligne , vous vous ferez un devoir d'insérer toutes celles dont l'industrie privée vous aura donné la commande.

Maintenant, supposons pour un moment que je suis le receveur de ce nouvel impôt, pour le département de la Seine.

Je reçois tous les matins la visite de l'un de vos garçons de bureau, porteur d'un exemplaire de votre feuille du jour et d'un bordereau fait double et ainsi conçu :

Annonces comprises dans le titre II, de la loi du ...... à 20 c. la ligne, 750 lignes   150 fr.

Annonces diverses, à 2 fr. la ligne, 1,500 lignes.   3,000 fr.

J'examine ; puis, si le compte est juste, j'écris au bas : 33 0/0.   1,000 fr.

Et j'invite votre agent à passer à la caisse, et le tour est fait ; et le lendemain on recommence ; et tout le monde est content et satisfait ; et vous avez encaissé 2,150 francs ; et j'ai fait entrer dans les caisses publiques deux billets de 500 francs, en conservant par devers moi l'espoir d'en palper autant le lendemain et les jours qui suivront (pour *le Constitutionnel* seulement, et sans compter les autres).

Ce n'est pas tout. Le client sait que les prix sont uniformes pour tous, pour le petit comme pour le grand commerce ; vous n'ignorez pas à quelles peines sévères vous vous exposeriez en transgressant la loi ; vos actionnaires peuvent se rendre compte eux-mêmes, jour par jour, du produit de leur feuille d'annonces ; plus de faux comptes, plus d'écritures embrouillées, plus de tripotages à craindre entre des coureurs de publicité et des monteurs d'affaires. Les annonces sont de vingt centimes ou de deux francs. Tout pour le journal, tout pour l'Etat, rien pour les parasites.

Vous le voyez, mon projet de loi est plus que parfait.

    ....Paulo majora canamus.

Oui, docteur, laissons bien vite le trafic des annonces, qui nous fait déroger, et modulons de nouveaux accords, en élevant d'un cran les cordes de
nos lyres.

Reprenons, s'il vous plaît, la grande politique.

« Nos convictions parleront toujours plus haut
que les plus *douloureux froissements* que nous
pourrions avoir ENCORE à subir. »

Examinons cette phrase, d'abord en maître d'é-
cole : *douloureux froissements* me plaît on ne peut
pas plus, c'est doctoral en diable; mais vous les
faites suivre d'un ENCORE peu stoïque. Encore! Vous
avez donc subi de douloureux froissements ?— Vous
les avez subis pour votre foi, votre croyance, vos
convictions, et vous vous plaignez ? — C'est mal, ça,
docteur, très mal. Le véritable croyant est fier de
souffrir pour sa cause, mais il ne se plaint jamais. Il
bénit la main qui le frappe pour l'édification de
tous.

Voyez la petite grammaire de Lhomond, Paris,
Hachette, libraire, rue Pierre-Sarrasin. Prix : 30 centimes. Elle vous dira que d'*édification* qui élève
l'âme, nous avons fait le verbe *édifier. Sola fides
œdificat.*

Voyez quel énorme pas de clerc vous fait faire cet
encore. Tout lecteur peut vous dire, avec juste
raison, ni vous, docteur, ni votre journal ne pouvez

servir à l'édification de la société, parceque ni vous, docteur, ni votre journal n'êtes des croyants. Le croyant doit avoir la foi. La foi loin de se plaindre de la persécution la bénit. C'est ainsi qu'elle édifie.

Voyez combien il nous faudrait réfléchir avant que d'écrire; voyez comme un seul mot mal placé nous trahit; voyez à quoi s'expose un homme de plaisir lorsqu'il veut paraître seulement un chrétien?

Avez-vous, comme moi, admiré l'illustre compagnie de Jésus? Les jésuites tant abhorrés du *Constitutionnel?* Les avez-vous vus maîtres de la France, de l'Espagne, du Portugal, du Paraguay, de l'un et de l'autre hémisphère; maîtres par le savoir et par la vertu.

Eh bien! lorsqu'un simple décret leur enlevait tout, les avez-vous vus se plaindre? Ont-ils répondu un seul mot aux montagnes de calomnies que la sottise publique élevait contre eux? Non.

Et lorsque, dernièrement, la philosophie Cousinière, l'ignorance en habit de docteur leur faisait quitter, au nom de la liberté, leur pauvre maison de la rue des Postes, ont-ils résisté? Non. Ils ont obéi sans rien dire. C'était de la persécution, du despotisme. La persécution et le despotisme frappent et détruisent, mais ils n'élèvent pas ; la foi seule édifie.

Ainsi, docteur, votre ENCORE est peu édifiant. Et je ne vous crois pas bien convaincu, puisque vous vous plaignez. Vous n'avez pas la foi.

Plus que cela, docteur; vous êtes un orgueilleux. Vous le dire c'est mon devoir.

Voyez plutôt :

« Quelques superbes, après la victoire, nous diraient : « Passez votre chemin, on n'a plus besoin de vous, » que nous leur répondrions : « Pardonnez-nous encore quelques heures d'enthousiasme. »

La phrase, elle-même, est irréprochable. C'est beau comme du Tacite, et *honni soit qui mal y tourne.* Mais que d'orgueil là-dedans !

Quoi, docteur, on a eu besoin de vous !! Si cela était, on serait quitte avec vous, puisque vous vous en vantez publiquement.

Quoi, docteur, votre main n'a pas tremblé en écrivant ces lignes?

Quoi, docteur, vous n'avez pas reculé d'épouvante en osant soutenir mordicus que ceux entre les mains desquels la Providence a confié la glorieuse mission de refaire la société nouvelle ont eu besoin de vous ?

Non, docteur, vous n'avez jamais rendu, vous ne rendrez jamais des services aux dépositaires du pouvoir, quels qu'ils soient. Ils ne vous devront jamais rien.

Nous avons tous notre utilité dans ce monde. La direction des beaux-arts peut consulter quelquefois l'habile directeur de notre première scène lyrique, pour la bonne ordonnance des fêtes publiques et la plantation des mâts de cocagne du carré Marigny.

— En cela, elle fait preuve de bon goût; et je suis bien persuadé que votre gracieuse obligeance ne lui fera jamais défaut. Mais de là à rendre des services à son pays, il y a peut-être une certaine distance.

Nous sommes tous plus ou moins obligeants ; mais, dans tous les temps, dans toutes les époques, dans tous les pays, ceux qui rendent des services à leurs concitoyens furent toujours fort rares. De plus, ils ne s'en vantèrent jamais eux-mêmes.

Après cette belle phrase, vous nous détachiez ensuite, en guise d'alinéa à la Girardin, un aphorisme qui serait charmant, s'il n'était parfaitement bête :

« En fait d'*enthousiasme politique*, le feu n'est jamais à la maison. »

Est-il possible de faire hurler ainsi deux mots ensemble : Enthouiasme politique ! C'est comme si vous disiez *bavard-discret, brave-vantard, vaillant-poltron, philanthropique-charitable.*

Vous savez, la philanthropie qui tient boutique et publie des annonces dans les journaux sous régie , cette vieille portière qui cancanne ses hauts faits dans tous nos carrefours ; et la Charité qui se tait. La Charité, vertu sublime des chrétiens, qui honore celui qui la fait et celui qui la reçoit, en les élevant dans le silence jusqu'à Dieu, notre père commun. La Charité ! ô la belle triade pour ce bon Pierre Leroux, que j'aime tant. Pierre Leroux ce, philosophe presque chrétien, qui éternua sur la philosophie en habits brodés, et la noya dans un océan de ridicule.

Tenez, docteur, je ne vous en veux plus de confondre ainsi tous les mots de notre langue, sans en connaître la valeur ; c'est arrivé quelquefois au bon Pierre Leroux, qui, comme vous, écrit, non pas parce qu'il est propriétaire d'un journal, mais seulement parce qu'il pense.

Vous nous annoncez ensuite qu'en élevant vos travaux, dégagés de toutes préoccupations personnelles, jusqu'à l'étude sérieuse des grands intérêts du pays, vous serez moins exposé à ce qu'on vous prête des *malices de style, dont vous seriez bien innocent.*

Permettez-moi de vous croire sur parole, et passons.

> Mes amis, tel est mon destin,
> Jouir de tout durant la vie :
> J'aimai le jeu, j'aimai le vin,
> Et j'eus longtemps une Emilie !
> Tous mes goûts sont changés : les muses maintenant
> Seules reçoivent mon hommage.
> Hélas ! à quoi me sert leur commerce charmant ?
> J'ai toujours les regrets, et n'en suis pas plus sage.

Vous continuez :

« D'ailleurs, dites-vous, il s'est produit dans ces derniers temps un fait nouveau ; ce fait se rattache à la France nouvelle ; il contient de bien sages enseignements ; c'est pour tous un exemple à suivre. »

Ceci est beaucoup trop doctoral. Il est bon de se proposer à soi-même des exemples à suivre ; mais on ne les propose jamais aux autres que lorsqu'on a sur eux une certaine autorité. Pour ma part, je vous la conteste.

Proposer autrui pour exemple, ce n'est poli, permettez-moi de vous le dire, ni pour la personne que nous devons imiter, et qui ne doit jamais faire parade de ses actions, ni pour celles auxquelles nous la proposons pour modèle; car c'est nous dire qu'à sa place nous n'aurions pas accompli cette action.

« Le noble comte de Morny a quitté le pouvoir, et, en le quittant, il ne s'en est pas fait l'ennemi ; il ne s'est pas constitué le chef de l'opposition; il n'a point organisé une coalition de tous les partis contre le ministère et, par dessus sa tête, contre le chef de l'État. »

L'honorable comte de Morny ne nous a point étonné en agissant ainsi, et nous ne lui ferons jamais l'injure de le féliciter d'une action que son noble caractère nous fait trouver toute naturelle.

Quelque terribles que soient les secousses qu'a eu à subir notre malheureux pays, la France est toujours riche en nobles caractères. Vous même, docteur, si vous étiez capable d'être ministre, vous quitteriez le pouvoir noblement, en homme d'État, et non comme un écolier mutin et indiscipliné. Je me plais à le croire. Vous avez l'âge de raison.

« Des ministres chefs de coalition, cela s'est vu sous le dernier régime. »

Oui, docteur, quand les amis du *Constitutionnel* étaient au pouvoir. Cela ne nous a point étonné ; et nous les avons sifflé vingt ans ; et nous recommencerions demain si de pareils faits pouvaient se reproduire, quelles que soient les lois qui régissent la presse. N'est-ce pas notre devoir?

Ah ! si vous nous aviez dit tout simplement :

M. le comte de Morny vient de nous donner un noble exemple.

Moi, soussigné, Louis Véron, docteur en médecine et rédacteur en chef du *Constitutionnel*, je m'engage à le suivre en tous points, et alors même qu'il me serait octroyé de nouveaux avertissements.

Moi, soussigné, Antoine-Marie-Joseph Clariond, docteur en aucune espèce de chose, mais seulement vingt-quatrième rédacteur du *Corsaire*, je vous aurais parfaitement compris, et, de plus, j'aurais ajouté à votre noble promesse foi pleine et entière.

Mais non, vous parlez d'abord de douloureux froissements que vous auriez eu à subir; vous nous dites ensuite que, nonobstant cela, vous resterez fidèle à vos convictions; puis vous vous mettez bien vite à nous raconter la noble conduite du comte de Morny, et vous ajoutez : « Suivons tous son exemple. » Et, patatrac, vous voilà du coup sur le même plan que le noble comte.

Qu'il vous plaise d'agréer ce que nous constatons ici : — Il y a, ne vous déplaise, une assez belle distance entre le comte de Morny et M. le docteur Louis Véron. L'un est un homme d'État, l'autre n'est encore que le directeur d'un journal très considérable pour ses annonces et ses canards assortis, mais d'une nullité complète sous tous autres rapports.

Croyez-moi, docteur, c'eût été avec un grand agrément que nous vous aurions vu prendre la route que je vous indique. Tout le monde aurait dit, et moi encore :

—Tiens, tiens, voilà le docteur Véron qui se propose pour modèle, pour patron, M. le comte de

Morny. C'est bien ça. Il est jeune, il a de l'esprit; avec le temps, il pourra faire quelque chose. J'eusse peut-être ajouté à ces bons témoignages de vos concitoyens un petit coup de guimbarde :

> Sans soins, sans appui tutélaire,
> La vigne se fane et périt;
> Sur la branche qui rampe à terre
> Jamais la grappe ne mûrit;
> Mais l'heureux cep qui s'entrelace
> A l'orme fier qui le conduit
> Bientôt nous étale avec grâce
> Ses rameaux ployant sous le fruit.

Adieu, docteur, si j'ai le temps je vous écrirai bientôt; car j'ai à cœur de répondre convenablement à l'appel que vous faites à toutes les idées de conservation et de progrès.

En attendant, recevez l'assurance de la parfaite considération de

> *Votre affectionné*,
> CLARIOND.

2ᵉ COURRIER.

Docteur,

Bonne nouvelle. M. Thiers, *qui supporte noblement les tristesses de l'exil,* est visible à l'œil nu. Je l'ai rencontré rue Notre-Dame-de-Lorette : pantalon blanc, gilet blanc, cravate à la Colin, bottes vernies, habit noir et parapluie dans la sénestre, sous un soleil du Sénégal; il ne lui manquait que la cocarde pour représenter fidèlement la meilleure des républiques.

Passons, s'il vous plaît, à la deuxième partie de vos exercices.

DES FINANCES.

A la bonne heure, docteur, parlons finances, puisque, comme le dit le papa de la petite Figaro, il n'est pas nécessaire de tenir la chose pour en raisonner. — Ce n'est pas pour vous, docteur, que je dis cela; tout le monde sait que vous êtes riche, très riche; mais moi je ne le suis pas; seulement, dans ma maison, on l'était, et on y parlait finances comme on peut le faire n'importe où, qu'on tienne ou qu'on ne tienne pas la chose.

«Pitt a dit ceci; Napoléon a dit cela; Colbert racontait ceci; Louis XIV agissait comme cela; dans son excellent ouvrage, M. Pierre Clément pense ça; Bailly, dans son *Histoire financière de la France,* rapporte ça; M. le marquis d'Audiffret par ci, M. Bignon par là, et patati et patata... »

Tout cela pour en venir à nous dire ce que la chanson nous enseigne avec un agrément infini :

Quand on n'a pas d'argent,
L'esprit bat la campagne;

Maints châteaux en Espagne
Sont bâtis à l'instant.
Bientôt la mort arrive,
Et fort tranquillement
On voit la sombre rive,
Quand on n'a pas d'argent !
Quand on n'a pas d'argent !
Quand on n'a pas d'argent !

Vous nous la donnez, belle docteur, et il était vraiment bien nécessaire de bouleverser tous les rayons de votre vacherie, de culbuter tous vos in-8° pour en venir à nous narrer ce qui se lit dans tous les almanachs :

« Quand on n'a pas d'argent, on a pieds et poings liés, les États comme les particuliers. »

(Double Liégeois.)

« Bien connaître l'État et ses besoins, — Procurer aux sujets toutes les ressources possibles pour s'enrichir, et pour pouvoir contribuer beaucoup à ces besoins de l'État.—Imaginer la manière la plus commode et la moins onéreuse de lever les impôts et de percevoir les revenus. —Régir sagement les domaines. —Faire un bon emploi, une juste répartition des deniers publics qu'on a recueillis. — Enfin tenir des registres et des comptes exacts de la recette et de la dépense générale de l'État. — C'est le devoir d'un bon roi. »

(Almanach de Pierre Larrivay.)

« Le prince doit savoir d'une manière exacte si les

tributs et les besoins de l'État sont dans une juste proportion.

« Il doit commencer par se faire informer de tous ses revenus, et ne point se contenter d'une idée générale, qui n'éclaircit et ne détermine rien. — Il faut qu'il sache en quoi consiste son bien, et qu'il le sache comme un père de famille entendu et appliqué sait en quoi consiste le sien.

« De grandes sommes se calculent comme des sommes médiocres. Ce que des terres sont à un particulier, les provinces sont à un prince. L'ordre et la division démêlent tout. »

(idem.)

Ainsi me disait, il y a quelques jours, Marceline, ma cuisinière :

Mais, monsieur, c'est tout au plus si nous avons en caisse soixante francs pour aller jusqu'à la fin du mois. — Si monsieur est dans l'intention de donner à dîner à ses amis, nous ferons bien un extra de deux louis. Comment arriverons-nous jusqu'à la fin, avec vingt francs ?

— Tu penses donc ?

— Qu'il serait plus sage, si monsieur y consent, de renvoyer la partie au mois prochain.

Et je vis tout de suite, à sa manière d'équilibrer les recettes et les dépenses, que Marceline serait un excellent ministre des finances. Cependant elle ne lit que des almanachs.

Ah ! j'y suis maintenant. On lit dans vos articles remarquables, ces mémorables paroles :

« Il y a deux imprimés qui se trouvent chez tous les paysans : c'est l'almanach et la quittance du percepteur. »

Vous vous êtes dit sans doute : à quoi bon leur citer des passages d'un livre qu'ils possèdent tous. Ça n'aurait que le sens commun; il vaut bien mieux leur montrer de l'érudition, beaucoup d'érudition. De plus, un autre avantage ; je fais savoir à ces braves gens que je possède une riche bibliothèque; ce qui n'est pas facile à se procurer.

Il y a quelque chose d'un peu plus difficile, docteur, que de posséder une riche bibliothèque, c'est de savoir s'en servir.

Je suis obligé de convenir que, très habile dans une infinité de choses, le docteur Louis Véron est peu expert dans l'art de présenter au public les doux fruits de sa lecture du soir ; c'est lourd et difficile à digérer comme des pâtes d'une mauvaise fabrication.

« Le socialisme désarmé n'est pas vaincu. »

Ici, docteur, vous devriez dire votre *mea culpa*, car *le Constitutionnel* était en 1828 le précurseur du socialisme. Pauvre et besoigneux, il devint, grâce à son active propagande, un carré de papier si important, pour les apothicaires de Paris, que des entrepreneurs de publicité lui payèrent sa page d'annonces jusqu'à trois cent mille francs par an! — Le petit M. Thiers, le plus exigu de ses rédacteurs, fut enrôlé.... dans cette tour de Babel du paradoxe, et bientôt, de sa petite chambre garnie de l'hôtel Montesquieu, on le vit sauter à pieds joints sur le squarre Saint-Georges où il fit élever comme par enchantement, un magnifique hôtel, pour lui tout seul. — Depuis votre journal a encore grandi en format et en annonces.

« Le socialisme, ajoutez-vous, doit ses succès aux souffrances de l'agriculture. »

Pourquoi faut-il que cette idée vous soit venue si tard, docteur? au lieu de vous faire le restaurateur de ce vieux journal, que n'achetiez-vous, avec l'argent de votre nouvelle entreprise, des terres en Sologne? C'eût été moins productif, c'est vrai ; mais vous nous auriez donné un noble exemple. Venant de si haut, il aurait eu de nombreux imitateurs, et aujourd'hui nous n'en serions pas à déplorer les succès du socialisme.

Il est vrai que M. Thiers n'aurait pas écrit son livre sur la *Propriété* et que *le Constitutionnel* ne l'eut pas publié, semblable à ces empiriques qui font naître une maladie sur un sujet, pour se donner la satisfaction de la guérir.

Ouvrons, si vous le voulez bien, le robinet aux historiettes. Vous les contez si bien que je ne doute pas un seul instant du plaisir que vous devez éprouver à les écouter, même racontées par moi.

L'Horticulture était un jour, au Luxembourg, en une si grande colère, que la Chimie, sa sœur, ne dédaigna pas d'abandonner ses graves méditations, pour s'enquérir auprès d'elle de la cause de cette ire.

— M. le grand-référendaire empiète chaque jour

sur les jardins de l'Ecole de Médecine, répondit-elle; de là ma fureur.

— Parbleu, fit la Chimie, souffle-lui de la litharge dans son jardin des vaches.

Et l'Horticulture souffla. Et tous les quinze jours, les vaches de M. Decazes passaient de vie à trépas. M. le grand-référendaire alla humblement consulter la Science, et la Science lui répondit :

— Envoyez au temple les intestins de vos vaches, et je vous dirai la cause de cette épiiidémie.

La réponse de la Science ne se fit pas attendre.

— Faites visiter votre jardin des vaches, dit-elle, au grand-référendaire, et qu'Esculape me maudisse si vous n'y trouvez pas de la litharge.

Il y en avait effectivement.

Depuis, M. Decases chantait à tout venant la gloire de la Science.

— Prenez garde, lui dit un jour le plus jeune des pairs de France, si vous continuiez sur ce ton-là, il pourrait bien se faire que, dans le monde, on n'écrivît plus votre nom qu'avec trois lettres; car une chose que la Science sait pertinemment c'est que les poisons végétaux ne laissent pas de traces.

— Vous croyez donc...

— Que si dans votre jardin des vaches on trouve de la litharge, c'est la Science qui l'y planta.

—Parceque?

—Parceque, dans cette circonstance, elle ne peut trouver d'autre poison que celui qu'elle y met.

M. Decazes, qui est par dessus tout un homme d'esprit, comprit parfaitement. Mais, le croirez-vous, docteur, depuis, il prit en aversion cette même science, dont naguère il chantait les louanges.

Ainsi font les hommes. Toujours d'un extrême à l'autre. Chantres harmonieux de la science, ils en deviennent les détracteurs.

Vous pensez bien que je ne vous ai pas conté cet apologue pour le simple plaisir de vous le conter. Je ne me ferai jamais marchand de *nouvelles* pour amuser l'oisiveté, le plus méprisable de tous les vices. Il y a quelque chose là-dedans, le voici :

Le Socialisme est empoisonné. Mais si, comme les malheureuses vaches de M. le grand référendaire, il a humé le venin de doctrines perverses, ce qu'il nous importe le plus de connaître et de rechercher d'abord, pour arrêter le mal à sa source, ce sont les planteurs de litharge.

— Qui planta la litharge, qui distilla le venin?

— Le vieux libéralisme.

Et *le Constitutionnel* fut le plus ferme rempart du vieux libéralisme, qui devait systématiquement empoisonner les malheureuses vaches à lait du grand-Lama de 1848, avec ses cornes d'abondance, ses jeunes filles couronnées de fleurs et ses cantates *patriotiques* et *fraternelles*, au sang impur abreuvant nos sillons.

Ainsi, docteur, vous n'auriez pas dû écrire : — *Le socialisme désarmé n'est pas vaincu;* mais mieux que cela : — *Le socialisme désarmé n'est pas* convaincu. Car notre devoir à tous n'est pas de le vaincre, mais de le convaincre, de l'instruire, de l'édifier, de le pousser au travail, à l'ordre, à l'économie, à la vertu, dans la fraternité chrétienne.

·· Pour cela, docteur, votre vieux journal de l'ancienne France, sous son vieux titre : *le Constitutionnel*, ne me paraît pas propre à produire le bien qu'il nous promet.

Il me semble en lui voir le diable
Que Dieu force à louer ses saints.

Mais, pour convaincre le socialisme, pour l'instruire, l'édifier, le pousser au travail, à l'ordre, à l'économie, il nous faut vouer aux risées publiques le vieux libéralisme ; mais, pour le pousser à la vertu, dans la fraternité chrétienne, et non celle écrite sur les murs de nos rues et de nos carrefours, il nous faut tirer sur le vieux *Constitutionnel*, qui, jadis, faisait ses gorges chaudes de la foi des chrétiens. — Le *Constitutionnel*, ce vieux [patriarche du suffrage universel à deux cents francs par tête, qui, chaque jour, avait une injure nouvelle à l'adresse de la religion de la majorité des Français.

Comment faire cela, sous sa vieille enseigne, dans sa vieille boutique et sous son vieux bonnet de coton?

Si vous avez bonne mémoire, docteur, il doit vous souvenir que, dès les premiers jours de 1848, nous ne vîmes point apparaître de socialistes sur le grand théâtre de la République. Les premiers rôles étaient tenus par de vieux libéraux ; et, une justice à leur

rendre, c'est qu'ils osèrent à peine se dire républicains, tant ils craignaient de ne pas trouver en eux
les vertus républicaines.

Les vieux rédacteurs du vieux *Constitutionnel,*
membres du gouvernement d'alors, ne furent que
plus tard des républicains démocrates. Mais, quant
au nom de socialiste, il ne fut de mise que longtemps
après. Les chasses à courre, les splendides festins,
les huissiers à chaînes d'or, les hôtels princiers auraient trop juré avec le sans-façon démocratique et
social.

Or, le libéralisme du vieux *Constitutionnel* engendra le timide républicain; le timide républicain engendra le républicain hardi; le hardi républicain
engendra le républicain démocrate, lequel engendra
le socialisme. Ainsi, nous n'avons pas à vaincre les
vaches à lait du vieux libéralisme, du vieux *Constitu-*
tionnel, mais il nous faut les soigner, les consoler,
les guérir, en leur faisant bien connaître la cause
dont elles sont les malheureux effets.

Pour cela, docteur, votre traitement à doses con-
stitutionnelles est un traitement impuissant, fastidieux, dérisoire, ridicule, imparfait, funeste.

« Le socialisme a prodigué aux socialistes des pro-
messes dorées et mensongères, qui ont semé le trou-
ble, la révolte, le désordre partout. »

Le libéralisme seul a menti, docteur, car il est le
grand aïeul du socialisme.

Croyez-moi, docteur, barbouillez au plus vite le
vieux titre de votre vieux journal, et, puisque vous

êtes l'inventeur, Sans Garantie du Gouvernement, du magnifique titre : LA FRANCE NOUVELLE, décorez-en votre nouvelle enseigne ; puis, marchant à la tête de jeunes hommes comme vous, faites retentir les échos d'Auteuil de nouveaux accents ! La malignité publique ne pourra plus vous appliquer le vieux proverbe : — *Mendax ne credit cui veritatem diceret.*

Et nous célébrerons ensemble les funérailles du vieux *Constitutionnel,* et nous jetterons une fleur sur sa tombe :

> Ci gît Jacquot, trépassé de vieillesse,
> Et tendrement chéri de sa douce maîtresse.
> Il ne parla jamais qu'après autrui.
> Combien de gens sont morts et mourront comme lui.

A présent, docteur, reparlons finances, s'il vous plaît.

Les sociétés de crédit foncier peuvent, dites-vous, compter sur les encouragements du journal *le Constitutionnel.* (Merci pour elles, docteur.)

Mais, vous ne craignez pas d'ajouter que c'est là un mode de soulagement compliqué et indirect, qui, par ses procédés, etc., etc., NE FERA PAS NAÎTRE LA RE-CONNAISSANCE DANS LES CŒURS.

Puisque vous avisez de parler *Finances, Adminis-tration, Gouvernement,* parceque vous êtes docteur, permettez-moi de vous dire, quoique je ne le sois pas, que *la reconnaissance, qu'elle naisse ou ne naisse point dans les cœurs,* n'a jamais produit et ne pourra jamais produire ni un bon système financier, ni une administration équitable, ni un gouvernement parfait.

C'est parceque vous partez de ce faux principe que nous voyons s'allonger sur les larges colonnes de votre long journal les quatre alinéas suivants.

« Il est un soulagement plus simple, plus direct, plus efficace, plus universel. C'est la diminution des charges qui pèsent si lourdement sur la terre, c'est une réduction d'impôts.

« La réduction d'impôt est un mode de soulagement direct. On sait d'où elle vient et où elle va.

« La réduction d'impôt est efficace; ce que le fisc rabat de ses perceptions légales, constitue des réserves pour l'acquittement d'autres dettes.

« La réduction d'impôt est un mode de soulagement universel; si minime soit-elle, elle se traduit par une diminution sur la cote la plus faible comme sur la plus élevée. »

'Nous disons quatre alinéas, dans lesquels, selon moi, se trouvent contenues quatre drogues, *item* quatre absurdités. Total, douze. Il doit m'être permis de montrer que je sais faire une addition, puisque nous parlons Finances.

Voici le treizième que je vous offre par dessus le marché, mais qui n'est pas absurde, puisque je le tire d'un simple almanach de *Pierre Larriv.iy*. Voyez comment parle Finances ce célèbre chercheur d'étoiles :

« Plus les Contributions publiques s'éloignent de leur source, et plus elles sont onéreuses.

« Ce n'est pas sur la quantité des impositions qu'il faut mesurer cette charge, mais sur le chemin qu'elles ont à faire pour retourner dans les mains dont elles sont sorties.

« Quand cette circulation est prompte et bien établie, qu'on paie peu ou beaucoup, il n'importe ; le peuple est toujours riche, et les Finances vont toujours bien.

« Au contraire, quelque peu que le peuple donne, quand ce peu ne lui revient point, en donnant toujours, bientôt il s'épuise : l'État n'est jamais riche, et le peuple est toujours gueux.

« Il suit de là que plus la distance du peuple au Gouvernement augmente, et plus les tributs deviennent onéreux. »

Ainsi, docteur, ce n'est point la réduction d'impôt que doit se proposer le financier véritable ; mais il doit s'appliquer sans relâche à abréger la distance du peuple au Gouvernement, de manière à ce que l'impôt retourne bien vite du Trésor public dans les mains dont il est sorti. Est-ce clair?

Voulez-vous maintenant une petite historiette et de plus une comparaison? Je le veux aussi, car vous le savez, docteur,

Nous préférons bien mieux, nous autres gens d'étude,
Une comparaison qu'une similitude.

Voici l'historiette : — Un digne et excellent soldat sollicitait du chef de l'État une chose à laquelle il avait des droits incontestables. Le brave général

Roguet appuyait de sa juste et légitime influence auprès du Prince la requête de ce militaire.

Vingt fois, le Prince Président avait donné des ordres pour qu'il fût répondu favorablement à la juste demande du soldat. Vingt fois il lui fut répondu : — L'affaire s'expédie; l'affaire sera expédiée cette semaine. — Mots consacrés dans nos administrations paperassières. Enfin le requérant obtint la chose justement réclamée.

Savez-vous maintenant la distance qu'a parcourue ce brave soldat, c'est à dire le temps qui s'est écoulé depuis les premiers ordres du Prince Président jusqu'au jour de l'exécution? Un an, six mois et je ne sais combien de jours !

Il en est malheureusement ainsi en finances. Toujours de la paperasserie, toujours de vaines formalités, toujours des longueurs.

Maintenant supposons que la demande du soldat eût pour objet une somme d'argent, et que cette somme fût de mille francs.

Il a fait un long voyage, et de plus un séjour à Paris d'un an, six mois et je ne sais combien de jours. Je n'exagère donc rien en disant qu'il a dépensé quinze cents francs.

Vous le voyez tout de suite, docteur, voilà un brave homme qui doit être plein de reconnaissance pour le Président, qui a fait droit à sa demande, et pour son digne protecteur, qui l'appuya de son crédit. — Cependant il rentre chez lui avec un billet de cinq cent francs de moins dans la poche.

Ainsi donc tant que vous n'aurez pas abrégé la distance du peuple au Gouvernement, de manière à ce que l'impôt retourne bien vite, du Trésor public dans les mains dont il est sorti, l'Etat ne sera jamais riche, et le peuple sera toujours gueux.

Je me suis souvent dit à part moi, les châteaux en Espagne n'étant pas défendus : mais, pour expédier lestement les affaires, comment ferais-tu, si tu étais Président de la République ?

— Une chose bien simple. Mon cabinet de travail serait orné de deux fauteuils et d'une table. Sur cette table, rien. Seulement, tous les matins, mon valet de chambre y déposerait un encrier, une plume neuve, et une main de papier écolier.

Le lendemain, mes ministres d'abord, et leurs subordonnés ensuite, exécuteraient *ex abrupto* les affaires que j'aurais expédiées la veille.

Un retard d'un jour serait suivi de mes remerciements sincères, à l'adresse de mes ministres d'abord, et de leurs surbordonnés ensuite.

Ainsi serait abrégée la distance du peuple au gouvernement. Et l'impôt retournerait bien vite, du Trésor public, dans les mains dont il était sorti ; et l'Etat serait toujours riche, et le peuple toujours à son aise.

Les ennemis les plus implacables de toute espèce de gouvernement seront donc toujours : la paperasserie, les vaines formalités, les longueurs.

Et, à propos de Gouvernement, parlons-en. —Oui. — Va. Mais, je vous avertis, ce ne sera que d'après

Pierre Larrivay. En fait de gouvernement, d'administration, d'impôt, de finances, je ne connais d'autre autorité que celle des almanachs. Voyons ce que dit, à ce sujet, le plus simple des almanachs :

« Nous devons distinguer dans le corps du Gouvernement trois VOLONTÉS essentiellement différentes :

« 1° La *volonté* propre à l'individu, qui ne tend qu'à son avantage particulier.

« 2° La *volonté* commune des conducteurs des nations, qui se rapporte uniquement à l'avantage du corps, et qu'on peut appeler *volonté de corps*, laquelle est générale par rapport au Gouvernement, et particulière par rapport à l'ÉTAT, dont le Gouvernement fait partie.

« 3° La *volonté* de la nation manifestée par les lois, laquelle est générale, tant par rapport à l'État considéré comme le tout que par rapport au Gouvernement considéré comme partie du tout. »

Or, ajoute le célèbre astrologue, dans une législation parfaite, la *volonté particulière* ou individuelle doit être nulle; la *volonté de corps* propre au Gouvernement subordonnée; et la *volonté générale* ou LA LOI, toujours dominante, est la règle unique de toutes les autres.

Ainsi donc, quand on demande, d'une manière absolue, quel est le meilleur gouvernement, on fait une question insoluble, indéterminée.

Mais si l'on vous demandait à quel signe on peut connaître qu'un peuple est bien ou mal gouverné, ce serait autre chose ; et la question de fait pourrait se résoudre facilement.

En effet, quelle est la fin de l'association politique? — C'est la conservation et la prospérité de ses membres.

Et quel est le signe le plus sûr qu'ils se conservent et prospèrent? — C'est leur nombre et leur population.

N'allez donc pas chercher ailleurs ce signe si disputé.

Le Gouvernement sous lequel, sans moyens étrangers, sans naturalisations, sans colonies, les citoyens peuplent et multiplient davantage, est infailliblement le meilleur : celui sous lequel un peuple diminue et dépérit est le pire.

« Or, établir un bon gouvernement ne sera jamais qu'une affaire de calculs, de compte, de mesure, de comparaison. »

Vous voyez donc bien, docteur, que votre *reconnaissance qui naît dans les cœurs* est au plus bonne à intercaler dans un ballet pastoral de votre ancien théâtre, et n'a rien de commun avec le Gouvernement, quel qu'il soit.

Je vois encore, par ci, par là, dans votre *France prétendue nouvelle*, des choses énormément savantes à propos de Gouvernement. Par exemple, que signifie ceci :

« Mais Louis-Napoléon sait que, pour gouverner, il faut tour à tour prêter à la raison l'appui de la force, et à la force l'appui de la raison. »

Ne croyez-vous pas comme moi, docteur, que cette pensée, qui n'est pas nouvelle, vous l'auriez beaucoup mieux exprimée en la formulant ainsi :

Mais Louis-Napoléon sait que, pour gouverner, il faut tour à tour prêter à LA JUSTICE l'appui de la force, et à la force l'appui de LA JUSTICE ?

Je suis persuadé que vous partagerez ma manière de voir, surtout quand vous saurez que c'est aussi celle d'un ami très intime du Prince Président, de Blaise Pascal. Il est vrai que Blaise Pascal, n'étant pas docteur, n'a jamais écrit de grands journaux, mais seulement de ces tout petits livres que, dans la vieille France, on appelait tout simplement *Etrennes Mignonnes.*

On imprime quelquefois des choses justes, même sur du petit papier.

Quoi qu'il en soit, voici la simple pensée du brave Auvergnat :

« Il est juste que ce qui est juste soit suivi. Il est nécessaire que ce qui est le plus fort soit suivi.

« La justice sans la force est impuissante; la puissance sans la justice est tyrannique.

« La justice sans la force est contredite, parce-qu'il y a toujours des méchants; la force sans la justice est accusée. Il faut donc mettre ensemble la justice et la force, et pour cela faire que ce qui est juste soit fort, et que ce qui est fort soit juste. »

Vous auriez peut-être pu passer outre; mais ce qui vous décidera à substituer au mot *raison* celui de *justice,* c'est lorsque vous apprendrez que, dans l'un de ses *almanachs*, l'illustre *Pierre Larrivay* émet une pensée parfaitement semblable à celle du petit *Blaise Pascal.*

Voyez ce que dit mon astrologue :

« L'autorité ne consiste pas à commander, et la soumission à obéir ; mais l'une à faire régner la *Justice*, l'autre à ne jamais distinguer l'*Autorité* de la *Justice*. »

Je suis donc intimement convaincu que vous aurez déjà opéré ce changement le jour heureux où le public pourra se procurer chez nos libraires des exemplaires de vos *œuvres complètes*, revue et corrigées. Ainsi soit-il.

Marceline est d'une indiscrétion dont rien n'approche ; non seulement elle lit mes lettres, mais encore elle se permet de critiquer mon travail, et de me faire des observations fort cavalières. Je les reçois pourtant avec beaucoup de reconnaissance, car enfin c'est elle qui me prête ses almanachs, dont auxquels je lis dedans, afin de répondre d'une manière conséquente à vos prodigieux articles.

Hier, elle entre dans mon cabinet en me disant d'un petit air narquois: Monsieur croit avoir dit juste, en écrivant au folio 43 de son manuscrit:

« De grandes sommes se calculent comme des sommes médiocres. Ce que des terres sont à un particulier, les provinces sont à un prince. L'ordre et la division démêlent tout. »

Eh bien ! monsieur, ceci est une bêtise ni plus ni moins forte que celles élaborées par le docteur Véron du *Conſtitu*, lesquelles vous critiquez tout à votre aise..

— Mais, je l'ai prise dans ton almanach ?

— Raison de plus, monsieur, quand on ne confectionne pas des bêtises soi-même, comme le docteur Véron, on ne devrait pas donner au pubic, pour argent comptant, des bêtises fabriquées par d'autres.

— Et tu prétends ?

— Je fais plus que cela, monsieur, je le prouve, par A plus B, comme disent les maîtres d'école.

— Nul particulier ne peut faire des choses ruineuses et s'enrichir en les faisant ?

— Certainement. Et l'Etat non plus.

— C'est ce qui vous trompe, monsieur, l'Etat peut faire des choses ruineuses, et s'enrichir en les faisant.

— Par exemple, c'est un peu fort.

— Pas si fort que le pense monsieur.

— Voyons ?

— Je suppose que dans votre bastide de Peynier, au pied de la colline du grand Bachas, se trouve une mine d'or, riche d'un milliard de francs. Je suppose encore que vous ayez en caisse une somme du double de celle renfermée dans la mine, et que pour extraire l'or de cette mine il vous faille la somme ronde de deux milliards. Feriez-vous exploiter votre mine ?

— Nanni pas, puisque ce serait pour moi une perte sèche d'un milliard.

— Eh bien ! monsieur, voyez la différence de l'Etat aux particuliers : non seulement l'Etat ne perdrait pas cette somme en faisant exploiter la mine, mais il la gagnerait.

— Comment cela?

— Deux milliards sortiraient de ses caisses; mais, par l'impôt, ils y rentreraient bien vite. Et, au bout de la campagne, la France posséderait, en numéraire, un milliard de plus.

— C'est vrai. Mais on dit que nous avons en Auvergne des mines d'or fort riches; pourquoi donc l'Etat ne les exploite-t-il pas?

— Il fait bien de ne pas le faire. Nous devons penser au plus pressé.

— Ah! oui, à nos terres incultes.

— Qui le seront toujours si l'on écoute les savants de ces administrations diaboliques des *ponts et chaussées*, des *eaux et forêts* et autres stupidités de la même force.

— Tu crois donc que c'est là l'obstacle?

— Le seul. Les Romains, qui n'avaient ni *aquæ et foretæ*, ni *pontibus et chausettibus*, l'auraient fait depuis longtemps, parceque, en hommes qu'ils étaient, ils savaient fort bien que rien ne doit se faire par la science, qui est une sotte, et tout par les almanachs, qui sont la raison même.

— Comment auraient-ils fait, sans bestiaux?

— Ils auraient fait de la manière la plus simple. Supposons qu'ils eussent voulu commencer en Sologne, ils auraient d'abord établi dans cette province le plus de quartiers de cavalerie possible; le piétinement des chevaux, l'engrais auraient d'abord fait une première et bonne besogne. La grande culture serait venue ensuite; puis les bestiaux, quand la terre aurait donné de quoi les nourrir.

— Tu crois donc que nos terres incultes ne seront jamais cultivées?

— Jamais, tant que la France prêtera l'oreille aux discours des pédants.

— Tu dois donc être enchantée de la publication du docteur Louis Véron : *La France Nouvelle?*

— Nouvelle!... je lui en souhaite. *La France Nouvelle,* fabriquée rien qu'avec les rocamboles mal digérées des docteurs en *us.* — Au fait, un docteur n'en fait jamais d'autres. Il consulte nos grands publicistes, nos grands journalistes, nos grands économistes, et il sert chaud à la badauderie des optimistes, pessimistes et autres puristes ès-charabia.

— Je dois donc continuer ma seringuade à cette publication?

— Oui. Mais vous ne publierez plus des bêtises, alors même qu'elles seraient imprimées dans mes almanachs?

— Je n'ai rien à craindre là-dessus, puisque tu revois la copie.

— Oui. Mais ma cuisine passera avant, je dois en prévenir monsieur.

Pauvre Marceline! Et dire que, lorsque chez moi on fait le pot au feu, c'est elle qui ratisse les carottes.

Pauvre enfant! Mais elle sait bien que cette vie est une vie de sacrifice; que la régénération ne peut naître que de lui. Et elle se résigne à faire ma cuisine, alors que tant de cuisiniers maladroits nous assourdissent avec leur politique nouvelle, renouvelée des Grecs.

Mais, en cuisine politique, je ne suis pas plus adroit qu'un autre; pourquoi donc Marceline se montre-t-elle si empressée auprès de moi, qui ai l'orgueil immense de me dire son maître? Pourquoi tant de sollicitude pour moi, qui ne puis faire un pas dans cette voie ardue sans m'appuyer sur son bon sens exquis? Serait-ce du servilisme? Non. Elle l'a en horreur. Mais Marceline m'a vu souvent à l'office, présider à la bonne confection de la bouillabaisse, des aubergines et des pommes d'amour farcies, de l'ayoli et de la brandade de morue; je l'ai initiée aux mystères de la cuisine provençale, et elle a pour moi *la reconnaissance qui naît dans les cœurs.*

A bientôt, docteur, à bientôt.

CLARIOND.

3me COURRIER.

Docteur,

Hier encore je vis entrer Marceline chez moi. Elle savait bien que je serais fort embarrassé pour répondre aux quatre mortelles colonnes du *Constitutionnel* dans lesquelles, docteur, vous tannez le cuir chevelu de la

-France ancienne avec le mot VOLONTÉ, que vous fourrez partout, en petites capitales grasses, et elle m'apportait une arme, une arme invincible.

— Tenez, me dit-elle, votre docteur s'avise d'avoir LA VOLONTÉ de parler VOLONTÉ; veuillez vouloir lui répondre, et n'oubliez pas surtout votre proverbe favori : *Qui veut peut.*

Et elle déposa sur mon bureau l'*Almanach de Pierre Larrivay, de l'an de grâce 1812. Marseille, Jean Mossy, imprimeur-libraire. Prix: 12 sols.*

Et il me fut donné de lire, dans ce précieux ouvrage, l'excellent travail que voici sur LA VOLONTÉ, avec laquelle vous jouez d'une manière assez maladroite dans votre grand carré de papier.

Savez-vous bien, docteur, que, si vous continuiez sur ce ton-là, LA VOLONTÉ de donner au public une édition complète des *Almanachs de Pierre Larrivay* naîtrait en moi, et qu'il me serait tout à fait impossible d'y résister.

En attendant, voyons ce que dit sur LA VOLONTÉ, cet auteur chéri et parfaitement ignoré :

« LA VOLONTÉ, dans une société démocratique ou aristocratique, est l'unanimité ou la pluralité des suffrages.

« Tant que plusieurs hommes réunis se considèrent comme un seul corps, ils n'ont qu'une seule VOLONTÉ, qui se rapporte à la commune conservation et au bien-être général.

« Alors tous les ressorts de l'Etat sont vigoureux et simples, ses maximes sont claires et lumineuses; il n'y a point d'intérêts embrouillés, contradictoires; le bien commun se montre partout avec évidence, et ne demande que du bon sens pour être aperçu.

«La paix, l'union, l'égalité sont ennemies des subtilités politiques.

« Un Etat bien gouverné a besoin de très peu de lois, et à mesure qu'il devient nécessaire d'en promulguer de nouvelles, cette nécessité se voit universellement.

« Le premier qui les propose ne fait que dire ce que tous ont déjà senti, et il n'est question ni de brigues ni d'éloquence pour faire passer en loi ce que chacun a déjà résolu de faire, sitôt qu'il sera sûr que les autres le feront comme lui, c'est à dire qu'ils en auront LA VOLONTÉ.

« Ce qui trompe les *raisonneurs*, c'est que, ne voyant que des Etats mal constitués dès leur origine, ils sont frappés de l'impossibilité d'y maintenir une semblable police.

« Car, quand le nœud social commence à se relâcher et l'Etat à s'affaiblir; quand les intérêts particuliers commencent à se faire sentir et les petites sociétés à influer sur la grande, l'intérêt commun s'altère et trouve des opposants; l'unanimité ne règne plus dans les voix; LA VOLONTÉ n'est plus LA VOLONTÉ de tous.

«Enfin, quand l'Etat, près de sa ruine, ne subsiste plus que par une forme illusoire et vaine; que le lien social est rompu dans tous les cœurs; que le plus vil intérêt se pare effrontément du nom sacré du bien public, alors LA VOLONTÉ devient muette. — Tous, guidés par des motifs secrets, n'opinent pas plus comme citoyens que si l'Etat n'eût jamais existé, et l'on fait passer faussement, sous le nom de lois, des décrets qui n'ont pour but que l'intérêt particulier.

« S'ensuit-il de là que LA VOLONTÉ soit anéantie ou corrompue ?

« Non certainement, LA VOLONTÉ est toujours constante, inaltérable et pure ; mais elle est, dans ce cas, subordonnée à de fausses apparences de *volonté*, qui l'emportent sur LA VOLONTÉ même.

« Chacun, détachant son intérêt de l'intérêt commun, voit bien qu'il ne peut l'en séparer tout à fait ; mais sa part du bien public ne lui paraît rien auprès du bien exclusif qu'il prétend s'approprier. — Ce bien particulier excepté, il veut le bien général, pour son propre intérêt, aussi fortement qu'aucun autre.

« Même en vendant son suffrage à prix d'argent, il n'éteint pas en lui LA VOLONTÉ, il l'élude.

« La faute qu'il commet est de changer l'état de la question et de répondre autre chose que ce qu'on lui demande ; car, au lieu de dire par son suffrage : *il est avantageux à l'Etat*, il dit : *il m'est avantageux ; il convient à tel parti que tel avis passe.*

« Ainsi donc la loi de l'ordre public, dans les assemblées, n'est pas tant d'y maintenir LA VOLONTÉ que de faire qu'elle soit toujours interrogée, et qu'elle réponde toujours. »

Voilà, docteur, en quels beaux termes, et avec quel bon sens parlait de LA VOLONTÉ un pauvre marchand d'almanachs de la vieille France, en l'an de grâce 1812.

Voyons maintenant à quelle sauce vous nous l'accommodez dans votre grand serin de journal :

« Quand on étudie l'histoire des temps modernes, on est surtout frappé de ce fait, qu'en matière de finances, sans LA VOLONTÉ, on ne peut rien, et qu'avec LA VOLONTÉ on peut tout. »

N'est-ce pas comme si vous nous disiez : Quand on est habillé on n'est pas nu ; quand on est brun on n'est pas blond ; quand j'étais le premier en composition je n'étais pas le quinzième ?

Cette grosse naïveté m'a remis en mémoire une petite chansonnette de ma bonne nourrice :

> Quand trois poules vont au champ,
> La première passe devant,
> La seconde suit la première,
> La troisième passe la dernière.
> Quand trois poules vont au champ,
> La première passe devant.

« LA VOLONTÉ la plus ferme, la plus invincible, ajoutez-vous, peut seule trancher tous ces nœuds gordiens des intérêts froissés *qui... qui... qui... que... ce qui... à qui... et qui... que... et dès qu'on veut...* »

Et saprelote, docteur, ce matin j'ai mangé deux œufs à la coque dès que je l'ai VOULU. Si telle n'avait point été ma VOLONTÉ, j'aurais prié Marceline de me préparer autre chose.

Mais quelque invincible que soit votre VOLONTÉ, vous ne parviendrez jamais à nous faire accepter çà pour du nouveau, quoique vous en bourriez votre *France nouvelle.*

« Presque à toutes les époques... il a suffi de LA VOLONTÉ d'un grand esprit pour rétablir l'ordre dans la fortune de l'Etat. »

Je ne sais pas pourquoi le diable me fait voir un petit bout d'oreille à la suite de ces lignes admirables. — Dites donc, docteur, est-ce que par hasard vous voudriez avoir LA VOLONTÉ de nous dire que vous êtes un grand esprit? — Gros esprit, *concedo.*

Quoique nous vous accordions bien sincèrement que si vous écrivez votre *France nouvelle,* c'est que probablement vous en avez LA VOLONTÉ, vous ajoutez néanmoins que *ces convictions veulent être prouvées par des exemples et par des faits.*

Et nunc, reges, intelligite; erudimini, qui judicatis terram.

Voici une petite soudure que je ne puis ne pas avoir LA VOLONTÉ d'admirer, et la raison en est simple, c'est que je l'admire.

« Qu'on nous permette donc une courte digression historique, pour bien constater l'influence toujours victorieuse de LA VALONTÉ dans les finances. »

Et de plus, comme j'ai eu LA VOLONTÉ de lire votre *digression historique,* j'ai encore LA VOLONTÉ de convenir qu'en fait d'histoire vous n'en touchez pas mal.

« Mazarin venait de mourir. »

Un quart d'heure avant sa mort il était encore en vie. Ici j'admire la délicatesse de votre *digression historique.* Comme votre but est de prouver qu'avec LA VOLONTÉ on peut tout, VOLONTÉ ne se trouve point sous votre plume après le verbe *mourir;* car, si Mazarin est mort, ce qui est une vérité historique, il ne mourut que contrairement à sa VOLONTÉ.

Mais nous ne perdrons rien pour attendre, la voici qui arrive au pas de course.

« Louis XIV, au milieu de tous les entraînements de la jeunesse, s'en remit à l'austère et invincible VOLONTÉ de Colbert, pour qu'il eût à lui refaire des finances. »

Je *veux* bien convenir que le grand roi eut parfaitement raison. Et si quelqu'un *voulait* bien me refaire des finances, ce ne serait certes pas LA VOLONTÉ qui me manquerait, je vous prie de *vouloir* bien le croire.

« Colbert fit bâtir l'Observatoire. »

Superbe et première conséquence de sa VOLONTÉ.

« Il attira par de grosses pensions plusieurs savants étrangers. »

Excellente deuxième conséquence de sa VOLONTÉ austère et invincible.

« Colbert trouva des habitudes d'excitation dans un travail de seize heures par jour. »

Excellente habitude de la jeunesse de la vieille France, comme dit M. Scribe :

> Loger au septième étage,
> Ne sortir qu'une fois par mois,
> Lire et prier, c'était l'usage
> De la jeunesse d'autrefois.
> Prenant ses goûts pour des oracles,
> Traitant son maître de pédant,
> Et faisant son droit au spectacle,
> Voilà la jeunesse à présent.
> Voilà, voilà la jeunesse à présent.
> Voilà, voilà la jeunesse à présent.

« Colbert fit subir la tyrannie de la justice, de la raison, de l'ordre, de l'économie à une jeune cour qui ne se plaisait qu'aux folles dépenses. »

J'ai, comme vous, une grande vénération pour Colbert ; mais, dans cette circonstance, je *veux* bien constater qu'il était d'une opinion diamétralement opposée à celle que *voulut* bien exprimer M. de Voltaire, en ces pauvres vers :

> Sachez que le luxe enrichit
> Un grand État, s'il en perd un petit ;
> Ainsi l'on voit en Angleterre, en France
> Par cent canaux circuler l'abondance.
> Le goût du luxe entre dans tous les rangs ;
> Le pauvre y vit des vanités des grands,
> Et le travail, gagé par la mollesse,
> S'ouvre à pas lents la route à la richesse.

Cependant, pour peu que vous *voulussiez digresser* historiquement M. de Voltaire, il ne s'en faudrait pas de beaucoup que je *roulusse* aussi vous l'abandonner bel et bien. C'est un gaillard qui sifflait toute espèce d'airs, dans toute espèce de clarinettes, et je n'aime pas ces gens-là :

> Arrière ceux dont la bouche
> Souffle le chaud et le froid.

« M⁻ᵉ de Sévigné voyait s'émousser et rester impuissantes toutes les séductions de son esprit et de son cœur contre le visage sans muscles et sans mouvements de celui qu'on peignoit d'un mot : *Vir marmoreus.* »

Avec deux mots, s'il vous plaît, et en français trois : *Vir,* homme; *marmoreus,* de marbre. — Malin, est-ce que vous *roudriez* nous faire accroire que Colbert eût été un mauvais directeur de l'Opéra ? — D'abord, je dois *rouloir* vous dire que Colbert ne l'eût pas *voulu.* Et si telle eût été sa VOLONTÉ, Colbert se fût montré un très habile directeur de notre première scène lyrique, par cette seule raison qu'avec cette simple VOLONTÉ il fut un très excellent ministre des finances.

Ceci ne prouve pas que vous seriez comme lui, alors même que vous en auriez LA VOLONTÉ.

Il y a VOLONTÉ et VOLONTÉ, comme il y a *savoir* et *aptitude.*

« Sous la direction de Colbert, cinq commis suffisaient à l'exécution de tous les travaux du contrôle général. »

Voyez comme un grand homme devine tout. *Pierre Larrivay* n'avait point encore publié ses *at-*

pianachs, et cependant, en simplifiant ainsi sa méca-
nique financière, Colbert disait déjà, comme ce pu-
bliciste :

« Ce n'est point la réduction d'impôt que doit se
proposer le financier véritable; mais il doit s'appliquer sans relâche à abréger la distance du peuple au
gouvernement, de manière à ce que l'impôt retourne
bien vite du Trésor public dans les mains dont il
est sorti. »

« Colbert appelait autour de lui des négociants,
élus dans chaque port et dans chaque ville de commerce, et s'entourait de leurs conseils. »

Tout comme la cuisinière bourgeoise qui, pour
faire un civet, prend un lièvre, ainsi Colbert, pour
faire du commerce, du négoce, prenait des négociants, et non des avocats manqués, des médecins de
contrebande, des apothicaires d'occasion.

« Par LA VOLONTÉ de Colbert les finances de la
France se relevèrent. »

Oui, docteur, et je suis enchanté que votre *digression historique* nous apprenne cela, pour me
fournir l'occasion de vous dire que nous avons déjà
LA VOLONTÉ; mais nous serions bien à plaindre si
vous étiez chargé de nous fournir Colbert.

« Colbert lui-même admirerait aujourd'hui notre
belle administration française..... »

— Non.

« Il admirerait l'introduction de la méthode des
écritures en partie double..... »

— J'en doute.

« Il admirerait encore cette cour judiciaire inamovible, contrôlant les comptes..... »

Je n'en crois rien. Cependant comme dans une petite note placée à la quatrième colonne de votre *digression historique*, vous nous annoncez que vous avez emprunté cette troisième personne du singulier de l'imparfait du verbe *admirer*, dont Colbert est le sujet, à M. le marquis d'Audiffret, j'ôte mon chapeau à M. le marquis d'Audiffret, et je lui dis : Non, non, non.

Colbert n'admirerait rien aujourd'hui que la modestie du siècle des lumières.

Dites donc, docteur, puisque Colbert devrait nous admirer aujourd'hui, c'est que nous sommes admirables. Et si nous sommes admirables, pourquoi changer de position? Restons comme nous sommes. Mais alors à quoi bon votre *France nouvelle*? A quoi bon toutes les belles choses que vous nous dites sur Colbert? Ne trouvez-vous pas que son admiration pour nous, *vieille France*, détruit un tant soit peu la juste admiration qu'a pour Colbert le glorieux fondateur de la France nouvelle? Quant à moi, je suis pour l'affirmative. Après ça qu'importe, vous avez fait votre article; tous les numéros du *Constitutionnel*, du 15 juillet 1852, ont déjà quitté vos bureaux pour prendre place dans toutes nos boutiques de détail. Ils feront leur service comme de coutume.

« Pitt et Napoléon, par la puissance de leur volonté, refirent les finances de leur pays. »

J'en conviens, mais je passe outre; je crains trop

de trouver, à la fin, ces deux grands hommes en admiration devant nous.

« Le comte Corvetto, ce ministre des finances sous la Restauration, qu'on n'a pas assez loué pour tous les services qu'il rendit à la France, refit aussi nos finances, dès 1816, par la force de sa *volonté*. »

Savez-vous pourquoi, docteur, on n'a pas assez loué le comte Corvetto ? c'est qu'à cette époque-là *le Constitutionnel* faisait de l'opposition. On était assez sot pour la redouter. Autre temps, autres mœurs : aujourd'hui elle n'est plus à craindre. Il y a plus. J'ose croire que son opposition serait bien préférable, surtout si, comme il y a tout lieu de le penser, son opposition devait se montrer aussi riche en maladresse que son approbation.

Aussi il importe peu à la mémoire du comte Corvetto que vous constatiez dans *le Constitutionnel* qu'on vit ce fameux financier,

« . . . . . . par la seule force de sa *volonté*, réorganiser toutes les parties de l'administration, et *pourvoir de toutes parts à des besoins plus nombreux et plus pressants avec des produits moins abondants et d'une réalisation plus pénible.* »

Et, si ça importe peu à la mémoire du comte Corvetto, il en est de même pour nous tous. C'est si vrai que vous ajoutez une ligne plus bas :

« Ces divers tableaux, qui nous rappellent un passé d'abus, de désordres et de misères, ne peuvent nous fournir aucun trait de comparaison avec la situation financière de la France d'aujourd'hui. »

Mais, docteur, puisque ces tableaux n'offrent aucun trait de comparaison avec la situation financière de la France d'aujourd'hui, pourquoi donc les croquer?

Allons! bon, voilà que j'oublie qu'il vous fallait faire votre article. Et que pour faire son article, au *Constitutionnel*, ce suaire de la presse libérale, il faut des lignes, des lignes, des lignes. Et que les compositeurs y sont toujours sur vos talons, en vous criant : De la copie, de la copie, de la copie. Ce qui ne laisse pas que d'être assez embêtant.

Après ça, tableaux ou esquisses de votre main, le public est aussi bien servi. Il n'en achète pas pour quatre sous de plus. Le principal c'est que la page d'annonces soit bien rédigée, c'est à dire bien pleine.

— L'annonce, voilà le nerf de l'intrigue pour la boutique d'un journal de la presse marchande. Le régisseur de l'annonce, voilà lé personnage capital. Aussi ne va-t-il qu'en carrosse, et les écrivains vont à pied, pour justifier le proverbe : l'*esprit court les rues*.

Si votre journal eût existé lorsqu'on fabriqua ce proverbe, nous dirions aujourd'hui, l'*esprit court le Constitutionnel;* mais nous ne pouvons pas le dire.

Si pourtant, à la quatrième page, quand elle est bien pleine ; mais là seulement.

Quoique vous nous disiez que vos tableaux n'offrent aucun trait de comparaison avec la situation financière de la France d'aujourd'hui, vous ajoutez qu'il y a cependant un point de ressemblance, et, ce point de ressemblance c'est :

« L'espoir que vous avez de nous voir faire, pour la prochaine session du corps législatif, notre budget de 1804. »

Mais, docteur, puisque vous écrivez des *digressions historiques*, vous devez connaître l'historien Guichardin, qui faisait non seulement de l'histoire, mais encore des almanachs en italien.

Cet homme illustre nous dit que les enseignements de l'histoire et les exemples qu'elle nous fournit ne peuvent que rarement être d'usage dans des cas particuliers, mais que toujours l'application en est extrêmement dangereuse. Que les périls à nous gouverner par ces exemples sont d'autant plus considérables que pour avoir un même succès il faudrait la même prudence, la même fortune, la même aptitude, la même spontanéité et que de plus l'exemple devrait répondre au cas qui se présente, en tout, et JUSQUE DANS LES MOINDRES CIRCONSTANCES.

Ainsi, pour imiter Colbert, il faut être Colbert lui-même ; mais il faut encore que les peuples que nous administrons aient les mêmes mœurs, les mêmes coutumes, les mêmes usages, les mêmes instincts que ceux qu'administra ce grand homme. De plus la position doit être parfaitement identique.

Or, trouve-t-on souvent dans l'histoire des temps, des positions identiques ? — Jamais. — Et de grands hommes ? — Très rarement. — Et puis, docteur, un grand homme n'imite personne. Il est lui-même. Les circonstances qui l'ont produit sont des circonstances toutes particulières.

Il se conduit au milieu d'elles d'une façon toute particulière aussi.

Après, comment se fait-il, docteur, que vous nous proposiez des exemples à suivre, et cela en écrivant *la France nouvelle*? Ne craignez-vous pas que tout le monde vous accuse, comme Marceline, de ne rien écrire de nouveau ? — Faites vos ordonnances, docteur ; mais que ces ordonnances soient bien les vôtres, et surtout qu'elles soient applicables aux circonstances au milieu desquelles vous vous êtes produit. On n'est grand homme qu'à ce prix-là.

Ensuite, voyez le bel exemple que vous nous donnez à suivre? La réduction de l'impôt !

Puisque vous parlez finances, docteur, c'est que vous avez la volonté de vous donner à nous comme financier. Or, j'ai déjà eu soixante et quatorze fois la volonté de vous dire ce que devait se proposer, en toutes circonstances, le financier véritable. Je veux bien avoir l'honneur de vous le narrer une soixante et quinzième fois :

« Ce n'est point la réduction d'impôt que doit se proposer le financier véritable ; mais il doit s'appliquer sans relâche à abréger la distance du peuple au gouvernement, de manière à ce que l'impôt retourne bien vite du Trésor public dans les mains dont il est sorti. »

DES FINANCES.

II.

Ah! ah! nous sommes encore dans les Finances. Tant mieux; c'est toujours consolant; ça sonne bien à l'oreille de la France nouvelle, comme la comprennent certains esprits, plus positifs que sensés.

DES FINANCES II! — Nous avons déjà répondu aux Finances I. Voyons si nous le ferons d'une manière convenable aux Finances II.

« La réduction de l'armée, si l'on en croit beaucoup de bons esprits, est la seule grande réforme qui puisse, dans la situation nouvelle de la France, en finir des budgets en déficit, et permettre un dégrèvement de l'impôt foncier. »

Si là réduction de l'impôt était une mesure utile, le moyen que vous nous offrez pour y parvenir serait ridicule. N'en déplaise au *beaucoup de bons esprits* dont vous vous étayez.

Ne parlons pas de la raison politique qui nous défend d'abaisser la muraille, quand le voisin élève la sienne. Mais disons qu'il faut bien vite rendre au peuple l'argent qu'il verse dans le Trésor public, que la somme soit forte, moyenne ou minime, il n'importe. Les finances ne sont bien administrées qu'à cette seule condition.

Or, nulle part l'argent ne circule plus vite que dans les villes de garnison. Le militaire est de sa nature peu thésauriseur. De plus, l'armée est éminemment peuple, et elle rend bien vite aussi au Tréso public l'argent qu'elle en reçoit, et qui est le sieu aussi; car elle l'y fait entrer aussi, en donnant à la communauté l'ordre, la tranquillité, la sécurité, si nécessaire au travail, sans lequel il n'y a pas de finances.

Ce qu'il nous importe le plus, c'est que notre armée ne soit pas dans la nécessité de demander à l'étranger une partie de son équipement. Et, si nous ne pouvons faire autrement, il faut qu'elle donne à la production une sécurité assez grande pour que la balance du commerce français avec le commerce étranger se solde toujours en notre faveur. C'est à dire que la somme des produits étrangers, importés en France, soit toujours de beaucoup inférieure à celle qu'elle nous aide à exporter à l'étranger, par la considération de bravoure, de justice, de loyauté. qu'elle nous attirera toujours et dans tous les temps, de loin comme de près.

Il faut surtout que de son sein bravoure, justice. loyauté passent dans notre commerce, dont quelques misérables fraudeurs ont ignominieusement souillé la marque. Car nous venons de traverser une époque où, s'enrichir était la loi suprême n'importe par quels moyens.

Pour cela, docteur, il faut que l'armée, dans toute sa force, aide le gouvernement à être brave, juste. loyal. On ne commande que quand on est fort; on n'est fort que quand on est juste; on ne détruit la fraude qu'en pratiquant soi-même la loyauté.

Or, bravoure, justice, loyauté sont le cœur, l'esprit et l'âme de l'armée française. Vive une armée nombreuse, disséminée sur tout le territoire! Vivent les gendarmes! pour faire revivre notre commerce extérieur et rendre à la marque française la vieille réputation de loyauté de la vieille France.

— Oui, mais sous l'ancienne France, nous n'avions pas une armée aussi considérable?

— Oui, mais sous l'ancienne France, nous n'avions pas une armée de fraudeurs.

Donc, ce n'est point l'effectif de l'armée qu'il nous faut diminuer; mais il nous faut exterminer les fraudeurs. Comment voulez-vous qu'un gouvernement, quel qu'il soit, le fasse sans bravoure, justice, loyauté; c'est à dire sans l'armée dans toute sa splendeur? L'armée des fraudeurs est trop considérable, trop puissante pour que le gouvernement se départisse du seul moyen qui lui reste de faire revivre le commerce; de rétablir les finances, que la fraude retenait au passage, en les empêchant d'aller au plus vite, du peuple au trésor public, et du trésor public au peuple; au travail véritable; au travail loyal, juste, consciencieux.

L'armée garde le travail, et en le gardant elle travaille aussi; et pour le garder elle a besoin d'être sur un bon pied. Car l'armée des fraudeurs est nombreuse, et leur extermination sera longue. On y parviendra, docteur, avec ou sans le concours de votre *France nouvelle*.

Telle qu'elle est, c'est à peine si l'armée peut

mener à bien ces travaux d'Hercule : anéantir la fraude, exterminer les fraudeurs, car ils ont pour règle souveraine ces abominables maximes :

Enrichissez-vous. — Chacun pour soi.

Et ces levains de décomposition sociale n'ont que trop fermenté pour rendre indispensable son généreux concours.

Voyez comme les pelotons nombreux de l'armée des fraudeurs sont bien serrés, bien compactes, bien disciplinés ? Comme ils s'élèvent bien, à l'unisson, contre les doctrines perverses du socialisme ? Mais, tandis que d'une main ils frappent sur lui à coups redoublés, tandis que leur bouche hypocrite exprime leur indignation dans les meilleurs termes, voyez l'autre main : elle arrose de poisons subtils jusqu'au pain dont se nourrissent les hommes !

Là fraude est aujourd'hui partout : à la Bourse, au palais, à la ville, sous le chaume. Elle trahit, comme trahissait Iscariote; elle assassine lâchement, comme assassinait Caïn.

Docteur, quand nous sommes gouvernement, nous avons toujours la bonne intention d'anéantir la fraude; mais quand nous sommes gouvernement aussi, nous ne sommes que trop condamnés à n'y pas voir du tout, tant est épaisse là fumée de l'encens qu'on brûle à nos pieds.

Vous êtes tellement convaincu de cette vérité que vous croyez utile, en poursuivant votre chimérique projet de réduction de l'armée, d'employer ces précautions oratoires :

« Examinons cette grave question avec réflexion, avec honnêteté et librement. »

« Le Gouvernement, nous en sommes sûrs, ne nous refusera pas une certaine liberté de discussion pour un fait qui importe tant à l'avenir du pays. »

Allez, allez, docteur; jamais le Gouvernement n'entravera la liberté de discussion quand la discussion aura pour objet la gloire et la prospérité du pays. Il ne réserve ses avertissements que contre vos maladresses, si, comme par le passé, vous deviez encore vous montrer maladroit.

Le grave *Moniteur* n'a pas dédaigné de répondre sur votre plaisante idée de réduction de l'armée. Vous voyez donc bien qu'on ne repousse pas la liberté de discussion ? Et votre précaution oratoire est pour le moins une précaution inutile.

Les bonnes raisons qu'il vous a données doivent déjà vous avoir fait renoncer à votre idée de réduction de l'armée. Puissiez vous être plus heureux dans vos autres moyens d'arriver à la bonne administration du pays; et cela malgré les déplaisirs mortels que causeraient à Marceline et à moi un peu de justesse, un peu de raison, un peu de bon sens dans vos nouveaux aperçus.

« Le socialisme est-il encore debout? est-il terrassé? et sommes-nous à l'abri de toute résurrection? »

Total : trois points d'interrogation. Une simple réponse suffira : Que l'armée française, c'est à dire que la bravoure, la justice, la loyauté aident de tout leur pouvoir le Gouvernement à détruire la fraude et les fraudeurs, et le socialisme, ce grand cheval de bataille, ne sera bientôt plus qu'un mauvais cheval de remonte, dont nous n'aurons plus à nous occuper. Plus que cela, docteur, nous pratiquerons tous le socialisme, car le socialisme véritable est tout entier dans les Pères de l'Eglise et dans l'Evangile.

Le livre divin ne tonne que contre la fraude et les fraudeurs. C'est contre eux seulement que doivent s'armer la bravoure, la justice, la loyauté; car seuls ils sont une abomination devant Dieu.

Ainsi, l'honorable M. Bonjean, que vous citez, aurait exprimé une opinion réellement bien sensée s'il se fût expliqué ainsi :

« En fait de *fraudes* et de *fraudeurs*, je suis très exigeant. Quand *la fraude* et *les fraudeurs* sont debout, il faut les combattre; quand ils ont fléchi le genou, il faut les terrasser; quand ils sont par terre, il faut les surveiller encore, de peur qu'ils ne ressuscitent. »

L'honorable M. Bonjean, en s'élevant contre le faux socialisme, le socialisme des pourceaux, qui nient tout, jusqu'au gland qui les nourrit, a pris l'effet pour la cause, l'ombre pour la réalité.

Les doctrines insensées des vieux libéraux, voilà la cause du faux socialisme; et les doctrines insensées des vieux libéraux naquirent dans la fraude, et les doctrines des vieux libéraux équipèrent l'armée des fraudeurs. Nous n'avons pas d'autre armée à combattre. Mais contre elle, docteur, votre science thérapeutique sera toujours impuissante. L'armée des fraudeurs se rit de vos réactifs. Il lui faut du raide, et vous nous administrez du pastoral.

Vous ajoutez :

« Le prince Louis-Napoléon porte dans le cœur la haine des traités de 1815, et longtemps la France a partagé ces sentiments de haine contre cette rançon qui paya la victoire de l'Europe coalisée. Mais la moitié de siècle qui a produit tant d'erreurs a produit aussi de nouvelles lumières au profit de la sagesse des gouvernants et des gouvernés. La civilisation, préoccupée aujourd'hui de découvertes utiles, rallie les peuples, et intervient en leur nom dans les querelles qui pourraient diviser et armer les gouvernements. Une sorte d'instinct commun pousse les populations à remplacer ces cris de guerre, qui désolent et qui ruinent, par des pensées de concorde, qui conservent et qui enrichissent. Toute l'Europe est à la paix. »

Toute l'Europe est à la paix. — Oui, docteur, mais elle ne désarme pas. Nous faisons comme elle.

Puis, comme la civilisation européenne a remplacé *les cris de guerre, qui désolent et ruinent,* par des *pensées de concorde, qui conservent et enrichissent,* notre brave armée prêtera au pouvoir tout son concours, pour l'aider à faire reprendre à notre commerce extérieur la juste prépondérance qui lui appartient, sous tous les rapports, et que l'armée des fraudeurs allait bientôt lui faire perdre.

Nous devons tenir une large place au milieu de

ce concert *des pensées de concorde qui conservent et enrichissent.*

Ainsi, docteur, pas de réduction d'armée, et pour longtemps, même sans brûler une amorce.

Nous sommes et nous resterons longtemps encore sur le grand pied de paix.

Dans le dernier concert européen des *pensées de concorde qui conservent et enrichissent,* qui eut lieu à Londres, dans sa grande salle de Cristal, la France y fit bravement sa partie. Sa grande voix y produisit l'effet que produirait celle de Lablache, au milieu d'une troupe d'enfants de chœur.

Eh bien ! docteur, il nous faut soigner notre voix. Pas n'est besoin pour ça de pâtes pectorales.

Il nous faut aider, protéger, soutenir, encourager notre grand commerce, notre magnifique industrie, et pour ce faire que l'armée les débarrasse l'un l'autre de l'armée abominable des fraudeurs, qui les souillent et les déshonorent de leur contact impur.

C'est ainsi que nous devons être la *reine du monde,* et non comme le disait d'une autre époque *Bonhomme Lafaridondaine.*

Après ça, qui nous empêcherait, si au nom de *France* les peuples ne répondaient pas *salut,* de distribuer par ci, par là quelques taloches : n'aurions-nous pas toujours notre armée sous la main ?

Mais à quoi bon continuer sur ce sujet ; vous avez déjà renoncé à votre réduction de l'effectif de notre armée, comme vous renoncerez à bien d'autres choses.

Ques aco ! Je lis, sous le titre III, à la dix-septième

colonne, et quelles colonnes, bon Dieu! des colonnes du *Constitutionnel* :

« Nous voici arrivé au terme de la préface des idées nouvelles en finances que nous désirons soumettre à la rude épreuve de la la publicité. »

Au terme de la préface! Comment, docteur, aujourd'hui qu'on ne lit plus de préfaces, vous nous en fabriquez une de dix-huit colonnes? Je ne suis plus étonné du peu de succès de votre *France nouvelle*. Mais que seront donc vos articles, si la préface n'est que de dix-huit colonnes? Je vois bien que j'ai entrepris un travail de galérien. C'est égal, je ne me dégoûte pas pour si peu, et dussent vos articles durer chacun plusieurs années de dimanches, je n'abandonnerai pas le poste. J'ai une trop grande puissance de volonté. Et Marceline donc? en voilà une qui est volontaire.

Vous avez une riche bibliothèque; elle est très importante; mais elle n'est pas inépuisable, comme mes *almanachs*. Avec eux, je veux vous suivre, à pied, partout où il vous plaira de courir en voiture; et j'arriverai toujours à temps. Vos livres sont si savants que vous serez exténué de fatigue. Mes almanachs sont si bien lestés en bon sens que je n'éprouverai pas de lassitude. Seulement il me faudra du papier, beaucoup de petit papier. Je cours en acheter.

Tout à vous.

CLARION.